A PARTIR DE UN HUEVO
FROM AN EGG

Ray James
traducido por Esther Sarfatti

Rourke
Publishing LLC
Vero Beach, Florida 32964

www.rourkepublishing.com

PHOTO CREDITS: All photos © Lynn M. Stone except title page and #10 © Marty Snyderman

Title page: A horn shark hatches from its egg case.

Editor: Robert Stengard-Olliges

Cover design by Nicola Stratford.

Bilingual Editorial Services by Cambridge BrickHouse, Inc.   www.cambridgebh.com

Library of Congress Cataloging-in-Publication Data

James, Ray, 1942-
  [From an Egg. Spanish]
  A partir de un huevo / Ray James ; traducido por Esther Sarfatti.
    p. cm. -- (Miremos a los animales)
  ISBN 1-60044-270-6
  1. Eggs--Juvenile literature. I. Title.
  SF490.3.J3618 2007
  591.4'68--dc22
                              2006026139

Printed in the USA

CG/CG

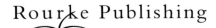

Rourke Publishing

www.rourkepublishing.com – rourke@rourkepublishing.com
Post Office Box 3328, Vero Beach, FL 32964

Contenido / Table of Contents

Huevos
Eggs

¡Algunos animales bebés crecen a partir de un huevo! Las aves no son los únicos animales que producen huevos. Las hembras de casi todos los tipos de animales producen huevos.

Baby animals grow from eggs! Birds are not the only animals to make eggs. Nearly all kinds of female animals make eggs.

Los huevos de los animales son muy importantes.

Animal eggs are very important.

Algunos animales **ponen huevos.** Otros no ponen huevos.

Some animals **lay** their eggs, other animals do not lay eggs.

Una tortuga marina pone sus huevos en un hoyo en la arena.

A sea turtle lays her eggs in a sandy hole.

Mamíferos
Mammals

Al igual que las personas, los animales peludos son **mamíferos.** Los bebés de la mayoría de los mamíferos crecen dentro de sus mamás.

Furry animals, like people, are **mammals**. The babies of most mammals grow inside their mothers.

Casi todos los mamíferos nacen directamente de sus mamás.
Es cierto que comienzan sus vidas a partir de un huevo **fértil,** pero
la mayoría de los mamíferos no crece dentro de una **cáscara.**

Almost all mammals are born directly from their moms. They
begin life from a **fertile** egg, yes. But most mammals do not grow
inside an **egg shell**.

9

¿Quién pone huevos?
Who Lays Eggs?

Hay muchos tipos de animales que ponen huevos. Eso significa que el animal tiene que empujar para que el huevo salga de su cuerpo.

Many kinds of animals do lay eggs. That means the animal pushes the eggs out of its body.

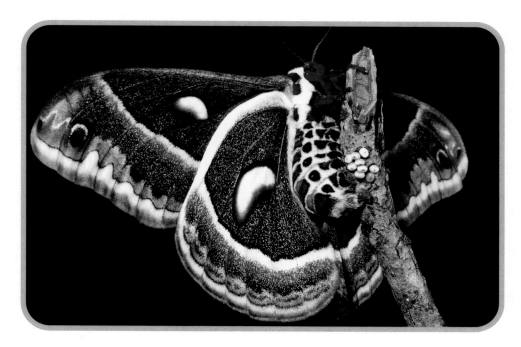

Los insectos ponen huevos. Muchas clases de arañas ponen huevos. Los caracoles y las ostras ponen huevos. Muchos tipos de peces ponen huevos.

Insects lay eggs. Many kinds of spiders lay eggs. Snails and oysters lay eggs. Many kinds of fish lay eggs.

Huevos diferentes
Different Eggs

Los huevos de cada animal son diferentes. Los huevos pueden ser grandes o pequeños, blancos o de colores. Las cáscaras pueden ser duras, como las de los huevos de ave. Pueden ser blandas, como las de los huevos de tortuga.

Each animal's eggs are different. Eggs may be big or small, white or colored. Shells may be hard, like a bird's egg. They may be soft, like a turtle's egg.

Los huevos incluso tienen formas diferentes. Algunos son muy redondos, como arvejas pequeñas. Otros son más redondos por una punta que por la otra.

Eggs even have different shapes. Some are very round, like little peas. Some are rounder at one end than the other end.

Un pollito rompe el duro cascarón del huevo con su pico.

A chick breaks through the hard eggshell with its beak.

Algunos huevos de gallina son de color café y otros son blancos. Todos los huevos de pollo tienen la famosa "forma de huevo".

Some chicken eggs are brown and some are white. All chicken eggs have the famous "egg shape."

Muchos huevos
Many Eggs

Algunos animales ponen sólo uno o dos huevos, mientras otros ponen varios miles. ¡Una ostra puede poner 100 millones de huevos en un año!

An animal may lay one or two eggs or several thousand. An oyster can lay 100 million eggs in one year!

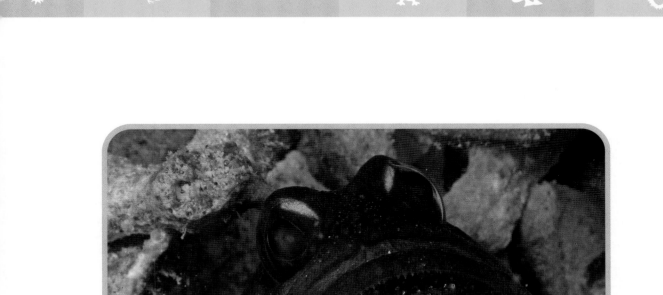

¡Un pez mandíbula macho usa su boca para proteger miles de huevos!

A male jawfish protects hundreds of eggs in his mouth!

¿Por qué algunos animales ponen tantos huevos? ¡Porque otros animales se comen sus huevos! Poner muchos huevos significa que al menos algunos sobrevivirán.

Why do some animals lay so many eggs? Because other animals eat their eggs! Laying many eggs means at least some will survive.

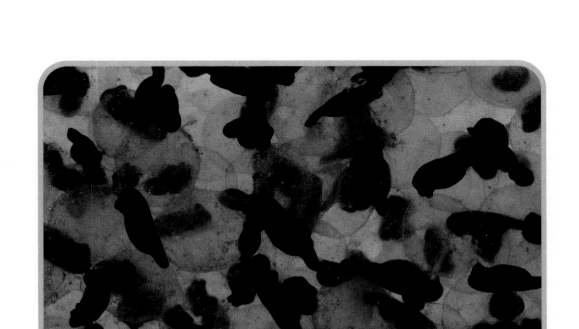

Las ranas ponen cientos de huevos. De estos huevos salen ranitas muy pequeñas que se llaman renacuajos.

Frogs lay hundreds of eggs. Tiny frogs called tadpoles hatch from them.

Dentro de un huevo
Inside an Egg

¿Qué hay dentro de un huevo? Los huevos fértiles contienen un animal bebé que está creciendo. También contienen comida para el bebé.

What is inside an egg? Fertile eggs hold a growing baby animal. They also hold food for the growing baby.

La comida que hay en el huevo ayuda al bebé a crecer. Algunos animales crecen más rápidamente que otros. Cuando casi no queda comida, ¡el bebé **rompe el cascarón**!

The egg food helps the baby grow. Some animals grow faster than others do. Finally, the food is almost gone. The baby **hatches**!

Algunos bebés recién nacidos pueden vivir solos. Otros necesitan los cuidados de los adultos. Las tortugas bebé viven por su cuenta.

Some new babies can live by themselves. Adults must care for others. Baby turtles are on their own.

Glosario / Glossary

cáscara — cubierta exterior que tienen algunos huevos
egg shell (EG shel) — the outer cover that some eggs have

fértil — preparado para que crezca una nueva vida
fertile (FUR tuhl) — prepared to grow new life

romper el cascarón — salir de un huevo, nacer de un huevo
hatch (HACH) — to break free from an egg shell or any egg covering

poner huevos — empujar los huevos para que salgan del cuerpo, a menudo en un nido
lay (LAY) — to push an egg out of the body, often into a nest

mamífero — cualquiera de los animales que produce leche materna y tiene pelo
mammal (MAM uhl) — any of the animals that make mother's milk and grow hair

Índice / Index

LECTURAS ADICIONALES / FURTHER READING

Gill, Shelly. *The Egg*. Charlesbridge Publishing, 2001.
Morgan, Sally. *From Egg to Duck*. Chrysalis Books, 2002.
Taurel, Alison. *Animals and Their Eggs*. Gareth Stevens, 2000.

PÁGINAS WEB RECOMENDADAS / WEBSITES TO VISIT

http://www.saczoo.com/3_kids/17_eggs/_egg_layers.html
http://www.calicocookie.com/eggsunit.htm

ACERCA DEL AUTOR / ABOUT THE AUTHOR

Ray James escribe libros de ficción y no ficción para niños. Como ha sido maestro, entiende muy bien lo que les gusta leer a los niños. Ray vive en Gary, Indiana, con su esposa y sus tres gatos.

Ray James writes children's fiction and nonfiction. A former teacher, Ray understands what kids like to read. Ray lives in Gary, Indiana with his wife and three cats.